Bernd Staudte

Das Leben ist verkörpertes Bewusstsein

Dokument Nr. V206886 aus dem GRIN Verlagsprogramm

Bernd Staudte

Das Leben ist verkörpertes Bewusstsein

GRIN Verlag

Die Deutsche Bibliothek verzeichnet diese Publikation in der Deutschen Nationalbibliografie; detaillierte bibliografische Daten sind im Internet über http://dnb.d-nb.de/ abrufbar.

1. Auflage 2013
Copyright © 2013 GRIN Verlag GmbH
http://www.grin.com
Druck und Bindung: Books on Demand GmbH, Norderstedt Germany
ISBN 978-3-656-35324-9

Bernd Staudte

LEBEN IST VERKÖRPERTES BEWUSSTSEIN

Essay

Copyright

Inhaltsverzeichnis   Seite

Vorwort

Wer die täglichen Nachrichten hört, sieht oder liest kann sich des Eindruckes nicht erwehren: diese Welt ist eine üble Hölle. Und da wären wir bereits beim ersten Trugschluss angelangt. Nicht die Welt ist eine Hölle, sondern die üble Handlungs- und Denkweise der Mehrheit aller Menschen dieses Planeten schafft sich eine „Hölle des Bewusstseins", die sich dann in der materiellen Welt realisiert. Die körperlichen und geistigen Krankheiten der „Zivilisation" suchen die Jetztzeit-Menschen in ungeahntem Maße heim und die soge-nannte „Wissenschaft" sucht krampfhaft nach neuen Wirkstoffen, um das um sich greifende Elend zu bekämpfen und zu stoppen. Leider funktioniert dieses Vorgehen nicht, da es offensichtlich an der Kenntnis der wahren Ursachen mangelt. Die universalen geistigen Gesetze sind den physischen übergeordnet, da unser Universum von einer geistigen Kraft zusammen gehalten wird. Diese Kraft ist für die meisten Menschen unsichtbar, sie wissen nicht, dass jeder Gedanke ein subtiler Geiststoff ist, welchem die Kraft von Atom-bomben innewohnt. Üble Gedanken zerstören uns und die Welt, lie-bevolle und die Schöpfung respektierende Gedanken heilen uns und die Welt. Doch wie sieht unsere Welt aus? Kriege, Hass, Neid, Ego-ismus, Betrug, Sittenlosigkeit, Verschwendung, Krankheiten und Leid kennzeichnen den größten Teil unseres Lebens. Die Natur mit ihren Tier -und Pflanzenreichen wird ausgebeutet und die gewonnen Mittel werden von unwissenden Menschen vergeudet und in sinnbe-friedigende "Projekte des Fortschrittes" investiert. Gelder, deren Unmenge für die Gesamtheit der Menschen gegen Unendlich strebt und deren Nutzen für die Gesamtheit gegen Null geht. Das ist die

Realität unserer technisierten Welt. Und das Ende dieser unguten Entwicklung ist noch lange nicht erreicht, dennoch kündigt es seine Anwesenheit bereits in mehr und mehr spürbaren und erlebbaren Krisen an. Der Einzelne Mensch kann an dieser Entwicklung nichts ändern, solange es nicht eine Mehrheit ist, die das Bewusstsein der materiellen Welt zum Guten prägen wird. Aber der Einzelne kann sich aus diesem Dilemma retten, wenn er nach den kosmischen Gesetzen der Schöpfung lebt und wenn er sich von den schädlichen Manipulationen der Gesellschaft innerlich befreit. Unser irdisches Leben ist weder dazu da materielle Dinge anzuhäufen und deswegen 45 bis 50 Jahre wie ein Sklave zu schuften, um dann vielleicht nicht einmal das Rentenalter zu erreichen, sondern um spirituelle Selbstverwirklichung zu erreichen um zu erkennen, wie man den Kreislauf von Geburt und Tod in der materiellen Welt endlich verlassen kann. Das ist das Ziel eines menschlichen Lebens. Alles andere ist Illusion und Täuschung über den Sinn des Lebens. So möchte meine Broschüre denen eine Hilfe sein, die in den Verstrickungen der materiellen Welt zu ersticken drohen. Wir neigen dazu die göttliche Harmonie und Ordnung, in der es keinen Zufall gibt in eine unendliche Anzahl von Einzelheiten aufzulösen, die uns dann als Chaos erscheinen. Man sieht sozusagen den Wald vor Bäumen nicht mehr. Folgen Sie daher ihrer inneren Intuition und machen Sie diese wieder zu ihrem wahren Lebensführer.

Was dem Leben einen Sinn gibt

Über den Sinn des Lebens wird viel geschrieben, aber letztendlich gipfeln die meisten Erkenntnisse darin, dass das materielle Leben mit allerlei Kunstgriffen noch besser zu genießen sei, wenn man nur alles lange genug erforscht. Man tut so, als wäre man selbst der Schöpfer aller Dinge und so glaubt man, dass man auch alles gut regeln kann. Das aber ist ein fundamentaler Irrtum. Wir sind die „Geschöpfe" und über uns gibt es etwas, das uns mit einem bestimmten Ziel geschaffen hat. Wer dies nicht erkennt und anerkennt, muss in allem was er tut, einen Fehler machen. Und diese Fehler häufen sich zu den Erscheinungen, wie wir diese heute kennen und fürchten. Umweltkatastrophen, Werteverfall, Unmoral usw. sind die Ergebnisse dieser Fehler. Die materielle Welt hat ihr Pedant in der spirituellen oder geistigen Welt. Sozusagen ein Original in der geistigen Welt und eine verzerrte Kopie in der materiellen Welt. Durch unsere fünf Sinne und den Geist als sechsten Sinn glauben wir die materielle Welt sei das Original und real. Damit unterliegen wir einer Täuschung die uns in die falsche Richtung gehen lässt. Hier hilft uns nicht die spekulierende Wissenschaft weiter die nur materielle Phänomene mit materiellen Mitteln untersucht, sondern es sind nur die geistig entwickelten Menschen, die über den sogenannten „überbewussten Seinszustand" verfügen, die somit in der Lage sind andere Seinszustände und höhere Dimensionen (gleich höhere Schwingungszustände) wahrzunehmen und zu betreten. Sie bringen uns die Botschaften wie wir leben sollten.

Was ist Leben eigentlich?

Die materialistische Definition liest sich wie eine Kapitulation der Unwissenheit vor der Größe der Schöpfung. „Leben ist die charakteristische, aber schwierig zu definierende Eigenschaft, die Lebewesen von unbelebter Materie unterscheidet. Wesentliche Merkmale sind Stoff- und Energieaustausch mit der Umwelt sowie Fortpflanzung und Wachstum." [1]

Ein wenig mager für die Vielfalt des Lebens. Der Atheismus hilft uns auf der Suche danach, was Leben ist wohl nicht weiter. Wir finden mehr darüber in spirituellen Büchern heiliger Menschen. So schrieb der indische Arzt und Yogi Swami Sivananda folgendes über das Leben: „Leben ist der Ausdruck Gottes. Leben ist Freude. Leben ist das Überfließen der Wonne des Geistes. Leben ist ein stetiger Fluss. Leben schwingt in jedem Atom. Leben ist in allem. So etwas wie unbelebte Materie gibt es nicht. In einem Stück Stein ist Leben. Die Materie schwingt vor Leben. Leben ist eine Reise im unendlichen Ozean der Zeit, wo sich die Szenerie unaufhörlich verändert. Das Leben ist eine Reise von der Unreinheit zur Reinheit, vom Hass zur kosmischen Liebe, vom Tod zur Unsterblichkeit, von der Unvollkommenheit zur Vollkommenheit, von der Sklaverei zur Freiheit, von der Vielfalt zur Einheit, von der Unwissenheit zur ewigen Weisheit, vom Schmerz zur ewigen Wonne und von der Schwäche zur unendlichen Kraft. Leben ist eine großartige Gelegenheit, die Gott Seinen Kindern gibt, damit sie sich zu Ihm hinentwickeln. Leben ist Dienen und Opfer. Leben ist Liebe. Leben ist Beziehung. Leben ist Poesie,

---

[1] vgl. http://de.wikipedia.org/wiki/Leben

nicht Prosa. Leben ist Kunst und Phantasie, nicht Wissenschaft. Leben ist Verehrung. Wir sind hier als vorüberziehende Pilger. Unser Ziel ist Gott. Wir suchen nach der verlorenen Erbschaft, dem vergessenen Erbe. Das große zentrale Ziel des Lebens ist das Erreichen einer bewussten Verwirklichung unseres Eins-Seins mit Gott. Leben hat keine Bedeutung als getrenntes Leben. Es hat nur Bedeutung, wenn es voll oder das Ganze wird, wenn die individuelle Seele die Höchste Seele erreicht. Das wahre Ziel des Lebens ist die Rückkehr zu der Quelle, aus der wir kamen. So wie die Flüsse unaufhörlich fließen, bis sie den Ozean erreichen, die eigentliche Quelle, aus der sie ihr Wasser nehmen, und so wie Feuer züngelt und wild brennt, bis es in seinem Ursprung aufgeht, so sind auch wir hier ruhelos, bis wir Gottes Gnade erlangen und Eins mit Ihm werden. Der einzige Lebenszweck ist das Erreichen von Selbstverwirklichung, absoluter Freiheit. Das Ziel des menschlichen Lebens ist es, die Göttlichkeit zu entfalten und zu manifestieren, die in Ewigkeit in ihm existiert. Der Sinn des Lebens ist es, die Vorstellung der getrennten Persönlichkeit zu verlieren und sich in Gott aufzulösen. Die Erlangung des unendlichen Lebens ist der erhabene Sinn des begrenzten Lebens. Leben im Geist ist das einzige wahre, ewige Leben. Das moderne Leben der Hast und Eile, mit Angst, Unsicherheit, Krankheit und Konflikt ist nicht das wahre Leben. Ein Leben in materiellem Luxus, Wohlstand und Stärke ist nicht das Ziel des Lebens. So ein Leben bringt keinen Frieden des Geistes und keine Gelassenheit der Seele. Ein Leben in den Sinnen ist nicht lebenswert. Sinnesfreude ist wie Honig, der mit starkem Gift vermischt ist. Ein Gramm Sinnesfreude ist vermischt mit fünfzehn Gramm Schmerz. Sinnesfreude ist verbunden mit Gebrechen, Sünden, Schmerzen,

Verhaftungen, schlechten Gewohnheiten und Ruhelosigkeit des Geistes. Das Schwelgen in Sinnesfreuden zerstört die Hingabe an Gott und schwächt die Fähigkeit des Geistes, nach dem Wahren zu suchen. Sinnlichkeit zerstört Leben, Glanz, Stärke, Vitalität, Gedächtnis, Wohlstand, Ruf, Heiligkeit und Hingabe an das Höchste. Sie zieht den Menschen hinunter in die Abgründe der Hölle. Das weltliche Leben ist voller Sorge, Schmerz und Bindung. Es ist voller Schäden, Schwächen und Einschränkungen. Es ist voll Hass, Eifersucht, Selbstsucht, Verrat, Sorgen, Kummer, Ängsten, Krankheiten und Tod, Gemeinheit, Schurkerei, Betrug, Falschheit, Halsabschneiderei, Wettbewerb, Unreinheiten und Dunkelheit, Kämpfen, Hader, Streit und Krieg, Enttäuschung, Verzweiflung und Niedergeschlagenheit, Grausamkeit, Ausnutzung, Entfremdung, Aufregung und Ruhelosigkeit. Alle Dinge haben einen dünnen Überzug illusorischer Freude. Es ist wie ein dünner galvanischer Belag. In Wirklichkeit ist das Leben hier nur Glitzer und Schatten. Unter dem Zuckerguss ist bittere Medizin. Unter der Goldschicht ist nur Blech. Unter den sogenannten Freuden ist Schmerz, Elend und Leid. Das Leben hier ist erfüllt mit Ängsten, Verhaftungen und Widerwärtigkeiten. Das weltliche Leben ist völlig irreal. Es ist Illusion und Vergänglichkeit. Es ist oberflächlich und wertlos. Sein Ende ist nur Staub. Es gibt nichts außer Reden, Tratschen, Essen und Schlafen. Alles ist Illusion. Alles ist Schmerz. Alles ist vergänglich. Alles ist flüchtig. Die weltliche Erfahrung allein hat keinen Wert und keine Wahrheit. Nur Gott ist wirklich. Noch so viele Nullen haben keinen Wert, wenn nicht die Zahl Eins davorsteht. Selbst wenn Du die Reichtümer der ganzen Welt besitzt, ist das nichts, wenn Du kein spirituelles Leben führst, wenn Du keinen geistigen Reichtum und keine Selbstverwirk-

lichung hast. Du musst in der Seele leben. Du musst dem Leben hier den Atman hinzufügen. Deshalb sagt Jesus: "Suche zuerst das Königreich Gottes und Seine Gerechtigkeit, und all dies wird Dir dazugegeben werden." Leben im Ewigen ist Leben im Überfluss. Es ist reiches, inneres, geistiges Leben. Dieses Leben ist frei von Sorge und Schmerz. Es ist erfüllt, vollkommen und unabhängig. Es ist voll Weisheit und ewiger Wonne. Es ist alldurchdringend und ohne Veränderung. Beginne das seelische Leben. Du wirst gereinigt und befreit werden. Das Schönste im Leben ist, wenn man das, was einem am wichtigsten ist, auf dem Altar der Wahrheit opfert. Leben heißt, nach der Wahrheit streben und alle Hindernisse mutig zu überwinden. Die größte Freude des Lebens ist Hingabe an Gott und Meditation über Gott im eigenen Herzen. Das spirituelle Leben gibt dem menschlichen Leben eine Bedeutung und verleiht ihm Glanz. Leben heißt kämpfen für das Ideal. Leben ist der Kampf für Fülle und Vollkommenheit. Leben ist der Kampf um die Erlangung höchster Unabhängigkeit. Leben ist Kampf und Widerstand. Leben ist eine Reihe von Siegen." [2]

Meine Definition von Leben ist: „Leben ist verkörpertes Bewusstsein." (Definition des Autors)

---

[2] vgl. Sivananda, Swami: Göttliche Wonne, Yoga Vidya Verlag 1996, S. 206 - 207

Unser Leben ist kein Zufall

Das Leben auf unseren Planeten, im Universum und unser persönliches Leben ist bis ins Detail geplant. Es gibt keinen Zufall in der Schöpfung. Chaos und Zufall sind lediglich Erfindungen von Unwissenden, die Teile aus dem Ganzen herauslösen und die Teile interpretieren. Vergleichen Sie das etwa so: Sie finden auf einem Acker ein Bruchstück von etwas, das Sie zunächst nicht ersehen können was dies war und wo dies hingehört. Sie graben weiter und finden Dutzende solcher Bruchstücke. Sie sammeln alle auf, waschen diese und setzen die Teile in unendlicher Mühe zusammen – und siehe vor Ihnen entsteht eine wundervolle Vase aus längst vergangenen Zeiten. Und so geht es auch der Wissenschaft, der Medizin und allen weiteren Disziplinen, welche die Bruchstücke als die Wahrheit ansehen. Die Spezialisierung ist soweit in Teile (Fachbereiche nennt man dies) zergliedert worden, dass keiner mehr versteht was sein Nachbar eigentlich tut. Die einen operieren nur Hände, die anderen nur Füße, wieder andere nur Lungen usw.. Der Patient wird einem Organ zugeordnet – und wo bleibt die Sicht auf das Ganze, auf die Person, sein Bewusstsein, sein sozialer Hintergrund, seine gemachten Erfahrungen? Es wird möglicherweise am Rande erwähnt, bleibt aber ohne Konsequenzen. Und warum? Weil man darüber nichts weiß und somit auch nichts für diese Probleme tun kann. Nicht umsonst prägte jemand die logische Kette zu diesem Tun: „Spezialisten sind Menschen, die über wenige Dinge viel wissen, um später über noch weniger Dinge noch mehr zu wissen, bis sie am Ende über Nichts alles wissen."

Jeder Mensch und jedes Lebewesen hat seine Bestimmung und seine Aufgabe (denken Sie an verkörpertes Bewusstsein). Die Aufgabe des Lebens heißt: Entwicklung, Bewusstseinsentwicklung und nichts anderes. Bewusstsein ist an Empfindungen gebunden und diese Empfindungen vermittelt uns unser materieller Körper mit seinen fünf Sinnen und einem ordnenden Geist (zumindest sollte er dies tun). Aber Sie müssen diesen Geist schulen und Zügel anlegen, sonst wird er Sie dahinführen, wo Sie eigentlich nicht sein sollten – in die materielle Illusion. Sie verlieren das wirkliche Ziel des Lebens aus den Augen. Merken Sie sich: was viele tun, muss nicht immer richtig sein! Denken Sie an die Veränderungen der Massenmeinungen. Was heute als gut gilt, kann Ihnen morgen den Kopf kosten. Das materielle Leben ist in seiner Ordnung gestört, da es nicht von wissenden Personen in die rechten Bahnen gelenkt wird. „Ich habe dich geschaffen, wie ein Kind im Mutterleib. Von Anfang an habe ich dir geholfen!" (Jesaja 44,2) „Gott würfelt nicht." sagte Albert Einstein. Sie sind kein Produkt des Zufalls. Ihre Geburt war weder ein Fehler noch ein Unfall, und Ihr Leben ist auch nicht einfach nur eine Laune der Natur. Ihre Eltern mögen Sie vielleicht nicht geplant haben, aber Gott hat Sie geplant. Er war nicht überrascht, als Sie geboren wurden. Er hat Sie erwartet. Als Ihre Eltern noch nicht einmal an Sie gedacht haben, da dachte Gott schon an Sie. Es ist kein Schicksal, kein Zufall, weder Glück noch Pech, dass Sie in diesem Moment atmen. Sie leben, weil Gott Sie erschaffen wollte. Gott hat jede Einzelheit Ihres Körpers festgelegt. Er hat Ihre Volkszugehörigkeit gewählt, Ihre Haut- und Haarfarbe und jedes andere Körpermerkmal. Er hat Ihren Körper genau so erschaffen, wie er es wollte. Er hat Ihre Begabungen und die Einzigartigkeit Ihrer Persön-

lichkeit bestimmt. Das meint der Psalmist, wenn er sagt: „Schon als ich im Verborgenen Gestalt annahm, unsichtbar noch, kunstvoll gebildet im Leib meiner Mutter, da war ich dir nicht verborgen. Als ich gerade erst entstand, da hast du mich schon gesehen" (Psalm 139,15-16). Weil Gott Sie mit einer bestimmten Absicht erschaffen hat, hat er auch entschieden, wann Sie geboren werden und wie lange Sie leben sollen. Er hat Ihr ganzes Leben im Voraus geplant; er hat den Tag Ihrer Geburt und den Tag Ihres Todes festgelegt: „Alle Tage meines Lebens hast du in dein Buch geschrieben - noch bevor einer von ihnen begann" (Psalm 139,16).

Sie leben, weil Gott Sie erschaffen hat und jede Einzelheit Ihres Körpers war festgelegt. Er hat Ihre Haut- und Haarfarbe und jedes andere Teil an Ihrem Körper genau so erschaffen, wie er es wollte. Sie wurden in einer bestimmten Absicht erschaffen, wann Sie geboren werden und wie lange Sie leben werden, alles war im Voraus geplant; er hat auch den Tag Ihres Todes festgelegt. Gott hat auch im Voraus geplant, *wo* Sie geboren werden und wo Sie leben sollten, um seine Absicht erfüllen zu können. Ihre ethnische Zugehörigkeit und Ihre Nationalität sind kein Versehen. Gott hat kein Detail dem Zufall überlassen, sondern er hat alles für sein Ziel geplant. In der Bibel heißt es dazu: „Er hat den einen Menschen geschaffen, von dem alle Völker der Erde abstammen. Er hat auch bestimmt, wie lange und wo sie leben sollen" (Apostelgeschichte 17,26). Nichts in Ihrem Leben ist willkürlich, alles hat einen Sinn und ein Ziel. Am erstaunlichsten ist, dass Gott auch entschieden hat, *wie* Sie geboren werden. Egal, wie die Umstände Ihrer Geburt waren oder wer Ihre Eltern sind, Gott hatte einen Plan als er Sie erschaffen hat.

Als Ihre Eltern noch nicht einmal an Sie gedacht haben, da hat Gott schon an Sie gedacht. Es ist egal, ob Ihre Eltern gut oder schlecht oder einfach nur mittelmäßig waren. Gott wusste, dass diese beiden Individuen exakt die passende genetische Zusammenstellung mitbrachten, mit der er das Modell „Sie" erschaffen konnte. Sie hatten die richtige DNS, aus der Gott Sie zusammenbasteln konnte. Es gibt zwar illegitime Eltern, aber keine illegitimen Kinder. Viele Kinder wurden zwar von ihren Eltern nicht geplant, aber sie wurden von Gott geplant. Gottes Absichten planen auch menschliche Irrtümer und sogar Sünde mit ein. Gott handelt nie zufällig, er macht keine Fehler. Alles, was er erschafft, erfüllt einen bestimmten Zweck. Jede Pflanze und jedes Tier sind von Gott geplant und jeder einzelne Mensch wurde für einen ganz bestimmten Zweck kreiert. Gott schuf Sie aus reiner Liebe. Das meint Paulus, wenn er schreibt: „Schon vor Beginn der Welt, von allem Anfang an, hat Gott uns auserwählt. Wir sollten zu ihm gehören, befreit von aller Sünde und Schuld. Das hat Gott schon damals aus Liebe zu uns beschlossen"(Epheser 1,4-5). Gott dachte sogar schon vor der Erschaffung dieser Erde an Sie. Genauer gesagt, sind wir der Grund, warum er diese Erde überhaupt erschaffen hat. Gott hat auf diesem Planeten Lebensbedingungen geschaffen, die für Menschen optimal sind. Wir sind das Objekt seiner Liebe und der wertvollste Teil dieser Schöpfung. In der Bibel heißt es: „Es war sein freier Wille, dass er uns durch das Wort der Wahrheit neues Leben geschenkt hat. So sollen wir der Anfang seiner neuen Schöpfung sein" (Jakobus 1,18). Dies zeigt, wie sehr Gott Sie schätzt und liebt! „ [3]

---

[3] vgl. Warren, Rick: Leben mit Vision, 8. Auflage, Gerth Medien GmbH, Asslar 2005, S. 2-23

Wissen über die materielle Welt

Unsere Studienrichtungen umfassen die wichtigsten Themenbereiche die dem menschlichen Geist bekannt sind, wie zum Beispiel Literatur, Mathematik Astronomie, Geologie, Geographie, Physik, Chemie, Biologie, Psychologie einschließlich Psychoanalyse, Medizin, bildende Künste, Ökonomie, Ethik Soziologie, Politik, Weltgeschichte, Weltkultur, Technik und alle anderen Disziplinen. All dies sind rein empirische Studien. Studenten der Philosophie beschäftigen sich intensiv mit den Bereichen Logik, Erkenntnistheorie, Metaphysik, Religion und Mystizismus, wobei die letzten beide Bereiche auch die Theorie und Praxis der als "Yoga" bekannten Techniken beinhalten. Normalerweise greift man in seinen Studien nicht all dies Themenbereiche auf. Vielmehr richtet man seine Aufmerksamkeit zur gleichen Zeit auf nicht mehr als einen oder zwei davon, so dass sich das Studium zum Schluss auf ein einziges Spezialgebiet konzentriert. Dies ist dann der letzte Schliff auf dem Weg zur Spezialisierung und Dissertation. Eine spezielle Ausbildung in Management, Technologie, Industrie, Ingenieurwesen, Wirtschaft, Landwirtschaft, Militärwissenschaft und dergleichen kann das Interesse derjenigen in Anspruch nehmen, deren Begabung dafür ganz speziell geeignet ist. Diese Aufzählung sollte uns einen ausreichenden Überblick über die Bestandteile jener menschlichen Unternehmung geben, die wir heutzutage ganz allgemein als Bildung betrachten. Und es fällt schwer, sich unter der modernen Definition des Begriffs "Bildung" irgend etwas anderes vorzustellen. Nun ist es für uns an der Zeit, erst einmal eine Weile darüber nachzusinnen, was dem gebildeten Menschen eigentlich widerfahren ist, wobei unter "Bildung" das Wis-

sen all jener gewaltigen und menschlich vorstellbaren Themenbereiche gemeint ist, die oben bereits angeschnitten worden sind. Was
soll man mit all diesem Wissen anfangen? Diese Frage ist kaum zu
beantworten, und sie lastet entsprechend schwer auf den Schultern
aller modern ausgebildeten Menschen. Was soll man nach dem Verlassen der Universität mit all diesen Qualifikationen tun, die von der
Menschheit als die krönende Vollendung einer akademischen Karri-
ere bewundert werden? Die unmittelbare Antwort auf diese Frage
wäre wohl, zunächst einmal eine Arbeit oder eine Anstellung zu suchen, ein Geschäft zu eröffnen oder wenigstens einem ökonomisch
gewinnbringenden Gewerbe oder Beruf nachzugehen, oder aber zu
lehren. Angenommen, all diese Bestrebungen sind erfüllt. Kann sich
irgend jemand vorstellen, dass das Leben mit diesen Errungen-
schaften bereits vollendet ist, oder fehlt in diesem Schema irgend
etwas, auf Grund dessen es sein kann, dass man trotz der eigenen
Qualifikationen unglücklich verbleibt? Die zentrale Frage lautet näm-
lich: Ist der gebildete Mensch auch glücklich? Diese Frage muss
man wohl mit "nein" beantworten. Um diese Wahrheit zu demonst-
rieren, müssen wir nur eine repräsentative gebildete Person heraus-
greifen und das Ausmaß ihrer Glücklichkeit untersuchen. Wir werden überrascht sein, in welch einem Zustand sich der moderne gebildete Mensch tatsächlich befindet. Es gibt Fragen, die niemand so
einfach beantworten kann, und diese Fragen werden sich dem
menschlichen Geist selbst nach der Errungenschaft der höchsten
erzieherischen Qualifikationen stellen. Die Probleme lauten etwa
folgendermaßen: Wir wissen nicht, wie viele Wünsche und ehrgeizi-
ge Ziele wir haben, und selbst wenn wir einige von ihnen erkennen
können, sieht es nicht so aus, als ob wir sie in dieser Welt jemals

alle befriedigen können. Diese Tatsache macht uns nie-
dergeschlagen und unglücklich. Es sieht nicht so aus, als würde eine Sehnsucht oder ein ehrgeiziger Plan nach seiner Erfüllung auch
wirklich abklingen. Vielmehr wird dieser eher noch angeregt und ver-
langt nach immer größerer Befriedigung, was beweist, dass er nicht
wirklich befriedigt werden konnte. Nach einer Analyse des Sachver-
halts wird man feststellen, dass dieser psychologische Umstand
niemals ein Ende findet. Nahezu für jedermann kommt irgendwann
einmal in seinem Leben der Tag, an dem er notgedrungen einsehen
muss, dass es in dieser Welt keine wahren Freunde gibt, und dass
jede Freundschaft bei der geringsten Berührung der eigenen
Schwachpunkte in einer Trennung enden kann, wobei die gesamte
Lebensperspektive plötzlich zusammenbricht und einem die eigene
Bildung auch nicht mehr weiterhelfen kann. Von den Objekten, die
den Sinnen Befriedigung zu bringen scheinen, erkennt man später,
dass sie einen unweigerlich in Schwierigkeiten verwickeln, so dass
man sich in einem Sumpf wiederfindet, aus dem es kein einfaches
Entrinnen gibt. Darüber hinaus wird man von einem beständigen
Druck der Angst und Anspannung gequält, gepaart mit einem wie-
derholt auftauchenden Gefühl der Unsicherheit, das von allen Seiten
auf uns einzudringen scheint. Zu guter letzt droht uns allen auch
noch der Tod, der selbst das großartigste Genie dieser Welt nicht
vom Wirken seiner Gesetze ausspart. Und niemand weiß, wann ihn
der Abruf ereilt! Es gibt die Sprichworte: "Wissen ist Macht" und
"Wissen ist Tugend". Die indische Metaphysik verkündet darüber
hinaus auf ihren höchsten Stufen, dass "Wissen Glückseligkeit be-
deutet". Ist nun Bildung der Erwerb von Wissen? Kein vernünftiger
Mensch würde daran zweifeln. Doch in welchem Zustand befindet

sich der gebildete Mensch der Welt heutzutage? Hat er Macht? Ist er tugendhaft? Ist er glückselig? Anhand einer Untersuchung würden wir entdecken, dass unsere Gebildeten nicht wirklich mächtige Menschen sind. Auch sind sie nicht unbedingt tugendhaft. Und Glückseligkeit scheint weit von ihnen entfernt. Wenn Ausbildung der Vorgang zum Erwerb von Wissen ist, beziehungsweise wenn Bildung dasselbe ist wie Wissen, um wenn Wissen auf die oben angeführte Weise definiert wird, wie ist es dann möglich, dass zwischen Bildung und den durch sie erhofften Früchten eine derartige Kluft besteht? Wir sehen, dass Machthaber entweder politisch Führer oder Besitzer von enormen Reichtümern sind.

„Tugendhafte Meischen sind im allgemeinen arm, sei diese Armut nun, wie im Falle einige: freiwillig gewählt, oder aber, wie in der Mehrzahl der Fälle, von den Umständen aufgezwungen. Wir mögen sie als Heilige, als Asketen oder ähnlich bezeichnen, jedenfalls sind es meist Leute, die in der menschlichen Gesellschaft keinerlei Art von Macht ausüben, zumindest keine Macht, wie sie üblicherweise verstanden wird. Viele der guten Menschen auf Erden werden von äußeren Umständen, der Apathie der Gesellschaft und der Unwissenheit der Öffentlichkeit gequält, was alles nicht dazu beiträgt, eine tugendhafte Person mit Macht auszustatten, die dann auf irgendeine Weise ausgeübt werden könnte. Doch wer sind dann die glücklichen Menschen oder jene, die sich der inneren Glückseligkeit erfreuen? Vielleicht kann niemand diesen begehrten Zustand sein eigen nennen. Es ist völlig unnötig einzuwenden, dass es Menschen gibt, die sich zufrieden oder glücklich wähnen und an diese Tatsache auch selbst glauben. Nach einer genaueren Überprüfung der Sachlage

wird man jedoch leicht feststellen, dass diese Einschätzung nicht mit der Realität übereinstimmt, wobei es unwesentlich ist, ob jemand aufgrund einer Ironie des Schicksals unglücklich ist, aufgrund des äußerlich vorherrschenden Unrechts oder aufgrund der Sorgen, die von dem Gefühl herrühren, seine Ziele im Leben nicht erreicht zu haben. Was auch immer die Ursache sein mag, die Tatsache bleibt die gleiche. Zusammenfassend kann man wohl mit Recht behaupten, dass der Erziehungsprozess von einer ernsthaften Katastrophe befallen worden ist, es sei denn, wir sind dazu bereit, zu dem Schluss zu kommen, dass Ausbildung nichts mit Wissensvermittlung zu tun hat, und dass der Schulungsprozess nicht der Weg dafür ist, Wissen zu erwerben. Wenn man jedoch behauptet, wirkliches Wissen könne auf einem anderen Weg erworben werden als über Bildung, bewegt man sich auf schwankendem Boden. Denn wie könnte Wissen sonst erworben werden? Die vorherrschende Meinung ist, dass Wissen ein Mittel zum Zweck ist. Für einige Menschen ist dieser Zweck ökonomischer Wohlstand und Reichtum in Form von Geld oder gesellschaftlicher Macht. Dies ist denn auch der Grund dafür, dass qualifizierte Personen Anstellungen in Instituten, politischen Ämtern und Behörden finden. Um es auf einen Nenner zu bringen: es sind an die Machtstrukturen angepasste Menschen." [4]

---

[4] vgl. Krishnananda, Swami: Der Aufstieg des Geistes, The Divine Life Society, Hannover 1999, S. 38

Woher wir die Kraft nehmen können

Diese Frage stellen sich sicher viele Menschen, die unter der Last ihrer Beschwerden stöhnen. Lassen wir uns von dem Propheten Habakuk und dessen Klage an Gott für den Erhalt von Kraft und Weisheit inspirieren. „Warum, Gott? Gott, ich habe gefleht, doch du hörst nicht! Ich schreie zu dir über Gewalt, und du hilfst nicht!" So beginnt ein kleines Buch der Bibel, das Buch des Propheten Habakuk. Die ersten vier Verse lauten:

"Die Prophezeiung, welche geschaut Habakuk, der Prophet. Wie lange, o Ewiger, habe ich gefleht, und du hörst nicht. Ich schreie zu dir über Gewalt und du hilfst nicht!

Warum lässt du mich Unheil schauen und siehst Elend an und Raub und Gewalt vor meinen Augen, und Hader entsteht und Zank erhebt sich. Darum ist ohnmächtig das Gesetz, und nicht siegreich geht das Recht hervor. Denn der Frevler umringt den Gerechten, darum geht das Recht gekrümmt hervor."

„Diese Worte prägen die Verse des Buches Habakuk und auch das Leben vieler von uns. Gewalt unterhält uns täglich in spannenden Filmen, in Talkshows, in den Nachrichten. Doch das Geheimnis unserer Gewalt, jener Gewalt, die nicht im Studio gespielt oder diskutiert wird, das Geheimnis der Gewalt in unseren Wohn- oder Schlafzimmern, jener einen Begegnung auf der Straße, im Zug oder in der Schule, das Geheimnis unserer eigenen Erfahrung mit der Gewalt kommt kaum je zur Sprache. Wir schämen uns. Vielleicht fühlen wir

uns schuldig, verantwortlich. Wir wurden gezwungen, es nicht zu sagen, oder halten es für besser, zu schweigen oder schämen uns, zu reden. Wer Gewalt erlebt hat, hat sie verarbeitet oder verdrängt oder sein Leben so eingerichtet, dass man mit ihr leben kann. Wer verletzt wurde, weiß sich zu schützen, und je schlimmer die Wunden, um so solider der Schutz. Es kann schwer und schmerzhaft sein, zu sprechen. Habakuk macht Gewalterfahrung zum Thema und zeigt damit einen Weg, angesichts von Gewalt zu leben. Es ist nur ein möglicher Weg, denn es gibt Erfahrungen, nach denen kann man nicht mehr alleine weiter gehen, ohne therapeutische Hilfe. Das wichtigste, was Habakuk tut ist: Er schweigt nicht. Damit hilft er sich und vielen anderen, die sich in ihm wiederfinden. Angesichts der Gewalt stellt Habakuk typische Fragen: "Warum?" und: "Wie lange?" (Vers 2-3) Und er macht typische Feststellungen: "Das Gesetz ist machtlos, es gibt keine Gerechtigkeit!" (Vers 4). Sein Klagen schafft eine Beziehung zwischen ihm und Gott. Wer bei jemandem klagt, dessen Leidenschaft brennt für den anderen, der will die Beziehung und findet sie nicht mehr. Erst mit dem Schweigen würde die Beziehungslosigkeit beginnen. Angesicht von Gewalt, die in der Regel alle Beziehungsfähigkeit zerstört, findet Habakuk aus irgendeinem Grund noch den Weg zu Gott und dadurch beginnt er zu fragen. Sein Leben hat zwei sich widersprechende Aspekte: die Gewalt, die er sieht, und Gott, den er glaubt. Habakuk bringt dies nicht zusammen. Er kann nicht akzeptieren, dass Gott irgendetwas mit der Gewalt, die er erlebt, zu tun haben könnte – selbst wenn alle Propheten vor ihm dies gelehrt haben sollten. Habakuk rebelliert. Seine Schrift bringt dadurch nicht nur das Geheimnis der Gewalt zur Sprache, sondern offenbart dank Habakuks Rebellion das Geheimnis des Le-

bens: "Ich schreie zu dir über Gewalt!" (Habakuk 1,2). Erlebte Gewalt raubt jedes Selbstwertgefühl. Wer kein Selbstwertgefühl hat, woher sollte der die Kraft zum Leben nehmen? Die Gewalt wird sein Leben gestalten. Er wird reagieren, wird depressiv oder aggressiv leben. Er bleibt das Opfer der erlebten Gewalt. Habakuk aber rebelliert gegen das Opfer-Sein. Das Geheimnis von Habakuks Kraft bilden vier kleine Wörtchen im ersten Satz seiner Prophetien: „Ich schreie" und "zu dir". [5]

Die Konsequenz für uns ist, dass wir mit Gott reden müssen und das wir uns unter seinen Schutz begeben müssen. Sich auf seine „Verwandten und Freunde" zu verlassen ist wohl wie „sein Leben auf Sand zu bauen". Wir müssen auf einen Fels bauen – und kennen Sie einen Fels der fester und stärker ist als der Schöpfer all dessen was wir sehen und wahrnehmen können? Der, welcher ungezählte Planeten in einem für uns leeren Raum dank seiner Kräfte in der Schwebe hält und auf exakten Bahnen kreisen lässt. Das ist die Quelle aus der wir unsere Kraft schöpfen sollten, eine Quelle die unversiegbar und ewig ist.

---

[5] vgl. vgl. http://www.annette-boeckler.de/aboeckler/habakuk.html

Wie können wir uns schützen

Die einen bauen auf ihr Vermögen, andere auf Freunde, wieder andere auf Anwälte, manche auf ihr Glück und einige hoffen auf den
Zufall, der sie zur richtigen Zeit am richtigen Ort sein lassen sollte. In
erster Linie sollte wir uns auf unsere innere Stimme, die man auch
Intuition nennt verlassen. Leider haben es viele verlernt die Stimme
ihren höheren Selbst wahrzunehmen. Zuviel Bildungsschutt, Fremd-
gedanken und Alltagsfloskeln überlagern diese Ureigenschaft des
kosmisch verbundenen Menschen. Die Intuition ist das Gewissen
eines Menschen. Im Urzustand ist es rein, aber durch schlechte Lebensbedingungen kann es quasi verkrusten und es wird dann ein oft
schmerzlicher Reinigungsprozess von Nöten, um all die Verkrustun-
gen in Form von Energieblockaden und körperlichen Manifestatio-
nen aufzulösen und aus dem Körper zu schaffen. Deshalb sollte
man bereits als junger Mensch lernen, wie man seinen Körper und
seinen Geist rein erhält.

Lebe jeden Tage neu

Der Mensch ist ein höchst komplexes und perfekt gestaltetes Lebewesen. Es ist Gottes liebste Schöpfung. Wir wurden nicht geschaffen um zu leiden, aber wir verdanken unser Erbe (körperliche Geburt und Tod) dem geistigen Fall unserer Ur-Eltern. Wir erhielten auch alles Wissen und alle Gelegenheiten uns selbst wieder aus diesem Dilemma heraus zu arbeiten. Es gibt Tausende Bücher die uns Wege dazu zeigen, es gab und gibt unzählige Heilige die uns ihr Wissen hinterlassen haben. Wenn wir diese Gaben nicht nutzen, so können wir niemanden einen Vorwurf machen.

„Ich habe meine Schatztruhe geöffnet, aber keiner wollte den Schatz; da habe ich die Truhe wieder geschlossen."

Ein Wunder für sich allein ist schon die menschliche Zelle, welche einem riesigen Kraftwerk in Miniaturausführung ähnelt. „Jeder Mensch besteht aus der fast unvorstellbaren Anzahl von ca. 100 Billionen Zellen (das ist eine Eins mit 14 Nullen) und dass in jeder Sekunde rund 4 Millionen Zellen, vor allem Blut-, Darm und Hautzellen, durch Zellteilung neu gebildet werden. Damit die Anzahl der Zellen im Körper konstant bleibt, müssen allerdings auch entsprechend viele Zellen vernichtet werden. Jede dieser Zellen, mit Ausnahme der roten Blutkörperchen, enthält in Ihrem Zellkern das vollständige menschliche Genom - den vollständigen genetischen Bauplan, der jedem Menschen zugrunde liegt. Diese Information ist in ca. 3 Milliarden Nukleobasen, den Bausteinen der Erbsubstanz DNA, ver-

schlüsselt. Jede gewöhnliche Zelle enthält diese Erbinformation zweifach: eine Kopie von der Mutter und eine Kopie vom Vater."[6] Dabei werden sämtliche Blutzellen alle 4-6 Wochen vollkommen erneuert und die verbrauchten Zellen werden aus dem Körper ausgeschieden. Etwa alle sieben Jahre ist der Körper eines Menschen vollkommen neu gebildet worden und hat mit dem Körper vorher nichts mehr gemein. Im Prinzip stirbt man bereits in jedem Augenblick ein wenig in dem man lebt. Nur die Seele ist unsterblich und altert nie, daher denkt der alte Mensch in seinem Innersten immer noch wie einst als Kind. Wenn man nicht die Lebensjahre zählt, sondern sich ausrichtet an dem zu Ende gehenden Tag und beginnt neu zu leben am anderen Morgen, so eröffnen sich uns auch neue Möglichkeiten jeden Tag unser Leben neu zu beginnen und neu zu gestalten. Damit unser Leben auch mit der Schöpfung und dem Schöpfer in Einklang gebracht wird empfehle ich Ihnen dieses Gebet. Es wird Ihnen großen inneren Frieden bescheren.

„Wer unter dem Schirm des Höchsten sitzt und unter dem Schatten des Allmächtigen bleibt, der spricht zum Herrn: Meine Zuversicht und meine Burg, mein Gott, auf den ich hoffe. Denn er errettet dich vom Strick des Jägers und von der schädlichen Pestilenz. Er wird dich mit seinen Fittichen decken, und deine Zuversicht wird sein unter seinen Flügeln. Seine Wahrheit ist Schirm und Schild, dass du nicht erschrecken müssest vor dem Grauen der Nacht, vor den Pfeilen, die des Tages fliegen, vor der Pestilenz, die im Finstern

---

[6] vgl.
http://suche.aol.de/aol/search?invocationType=topsearchbox.search&query=Die+menschliche+Zelle&rp=lang_de

schleicht, vor der Seuche, die im Mittag verderbt. Ob tausend fallen an deiner Seite und zehntausend zu deiner Rechten, so wird es dich doch nicht treffen. Ja, du wirst mit deinen Augen deine Lust sehen und schauen, wie den Gottlosen vergolten wird. Denn der Herr ist deine Zuversicht; der Höchste ist deine Zuflucht. Es wird dir kein Übel begegnen, und keine Plage sich deiner Hütte nahen. Denn er hat seinen Engeln befohlen über dir, dass sie dich behüten auf allen deinen Wegen, dass sie dich auf Händen tragen und du deinen Fuß nicht an einen Stein stoßest. Auf Löwen und Ottern wirst du gehen und treten auf junge Löwen und Drachen. „Er liebt mich, darum will ich ihn erretten; er kennt meinen Namen, darum will ich ihn schützen. Er ruft mich an, darum will ich ihn erhören; ich bin bei ihm in der Not; ich will ihn herausreißen und zu Ehren bringen, Ich will ihn sättigen mit langem Leben und will ihm zeigen mein Heil." (Psalm 91, Bibel)

Nutzen Sie Ihre Zeit, die Ihnen zugemessen ist und erleben und gestalten Sie jeden Tag bewusst neu.

Der Autor

Bernd Staudte ist Jahrgang 1944 und mehrfacher Buchautor. In seiner aktiven Zeit als Diplom-Ingenieur war er als überdurchschnittlicher Know-How-Entwickler bei CARL ZEISS Jena und der KRONE AG Berlin bekannt. Er praktizierte einige Jahre Yoga bei dem indischen Yogi Kumar Narendra Jain. Im Jahr 2000-2002 leitete er ein Solarprojekt in Berlin-Charlottenburg, welches die Anwendung von Solarenergie und Fotovoltaik auf öffentlichen Gebäuden, im besonderen im Stadtbezirk Spandau zum Ziel hatte. Als Pensionär ist er schriftstellerisch tätig und widmet seine Publikationen den gesellschaftlich wichtigen Disziplinen, wie der Umweltproblematik, der Sozialethik, der Religionsphilosophie, den vedischen Lebenslehren und den Ergebnissen der Globalisierung für die Menschheit. Er lebt in Schweinfurt.